Ela é ela

À Lívia,

companheira de todas as batalhas
e fonte de ternura constante.

Às minhas filhas, Aurora e Serena,
vocês foram feitas de modo único, amadas
desde o princípio, chamadas para viver
em plenitude e autenticidade.

Nikolas Ferreira

Às minhas filhas, Catarina e Joana, e todas as
outras meninas amadas pelo Criador,
vocês são lembrança viva de que a vida
tem ordem, sentido e beleza.

Ana Campagnolo

"Então, Deus criou o
ser humano à sua imagem,
à imagem de Deus o criou;
homem e mulher os criou."

Gênesis 1.27

Ela é ela.

MENINA

Mesmo antes de nascer,
todos já podiam saber:
é uma menina!

Um dia triste ou feliz
não muda quem ela é.

Sua aparência ou
personalidade
também não.

Não importa o que
pensem ou digam,
ela é sempre ela!

Ela não é ele.

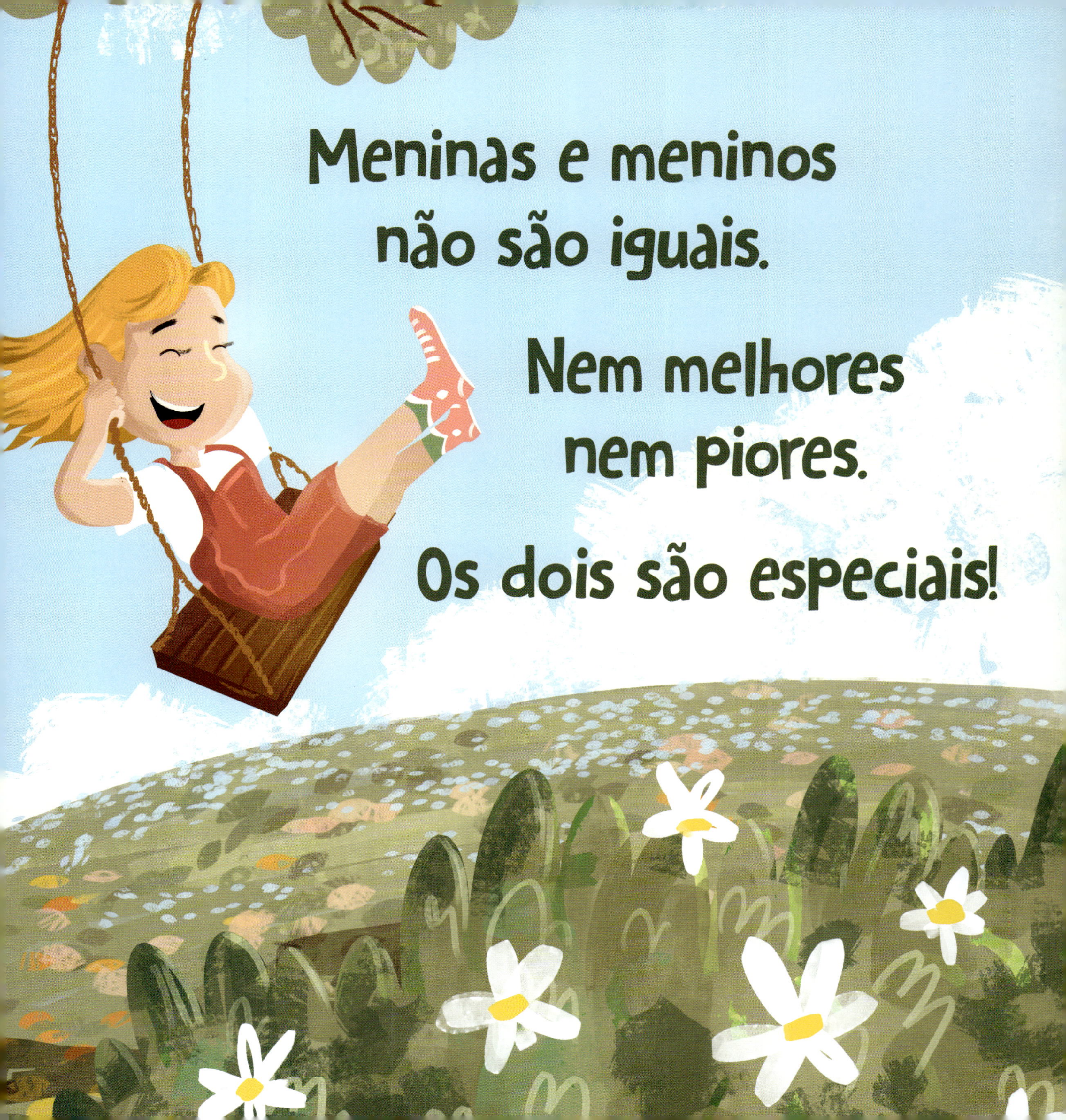

Meninas e meninos
não são iguais.

Nem melhores
nem piores.

Os dois são especiais!

Ela não é uma boneca
ou outro ser inanimado.

A vida dentro dela
é Deus quem tem soprado!

Ela não é um animal
nem nada semelhante.

Ela é muito
mais importante!

Quando fez a natureza,
Deus viu que era bom.

Mas quando criou a mulher,
então disse: "É **muito** bom!"

Ela recebeu muita criatividade,
para crescer e viver na verdade.

Não importa o que queira fazer,
ela é uma menina,
e assim sempre vai ser!

Ela pode ser médica,
ou uma grande construtora.

Pode ser empresária
ou até aviadora!

Pode escolher ser política
ou uma admirável professora.

Pode ser uma mãe
e uma filha amável.

Ser a melhor irmã do mundo
e um amiga formidável!

Mas nada disso
muda o seu real valor.

Sua maior importância
é ser à imagem do Criador.

E quando souber dessa verdade,
viverá com alegria
em plena liberdade.

Carta aos pais

Embora vivamos em uma época em que a desordem e o engano, travestidos de respeito, aceitação e liberdade, tentem reescrever a história e o significado da humanidade, existe uma verdade que protege nossos corações, guia e firma nossos passos, bem como nossa mente e emoções.

Meninos e meninas não são iguais. Essa é a verdade! Cada um tem seus gostos, sonhos e maneiras de ser. Foram feitos assim: de modo único! E, ao observarmos a natureza, constatamos que ela também tem uma ordem natural. A criação segue um equilíbrio perfeito: o dia e a noite, as estações do ano, o ciclo da natureza. A luz não vira pedra, os pássaros não nascem no lugar do Sol.

Nada vem por acaso ou fica fora do lugar. Tudo tem seu propósito de ser, do jeito que foi criado.

Da mesma forma, nossa identidade como homens e mulheres não é um erro ou um acidente. Existe valor em sermos quem somos desde o princípio. E viver essa realidade traz verdadeira plenitude, alegria e liberdade, permitindo-nos experimentar uma vida repleta de autenticidade.

Que este livro seja um recurso útil nessa jornada, capaz de inspirar boas conversas, fortalecer vínculos e reafirmar valores que conduzem a uma vida verdadeiramente feliz.

Sobre os autores

Ana Campagnolo

Ana Campagnolo nasceu em Itajaí, Santa Catarina. Casada com o policial militar Thiago Galvão, ela é mãe de Catarina e Joana. Ana é deputada estadual de Santa Catarina e entrou para a história como a mais votada do estado nas eleições de 2022. É professora de História e autora de diversos livros, entre eles *Feminismo: Perversão e subversão*, *Guia de bolso contra mentiras feministas* e *Não existe cristã feminista* – este último lançado pela Editora Vida. Filha do advogado Job Campagnolo e da dona de casa Raquel Teixeira, é cristã como seus pais.

Nikolas Ferreira

Nikolas Ferreira de Oliveira nasceu em Belo Horizonte, Minas Gerais. É cristão, casado com Lívia e pai de duas meninas, Aurora e Serena. Formou-se em Direito pela Pontifícia Universidade Católica de Minas Gerais (PUC Minas). Foi o segundo parlamentar mais votado da história de Belo Horizonte, eleito vereador em 2020. Posteriormente, em 2022, elegeu-se para a Câmara Federal como o deputado mais votado do país e o mais votado da história de Minas Gerais. Nikolas é autor best-seller das obras *O cristão e a política* e *Criando filhos para o amanhã*, ambas lançadas pela Editora Vida.

Vida
Editora Vida
Rua Conde de Sarzedas, 246 — Liberdade
CEP 01512-070 — São Paulo, SP
Tel.: 0 xx 11 2618 7000
atendimento@editoravida.com.br
www.editoravida.com.br
@editora_vida /editoravida

Direção: Renan Menezes
Editora-chefe: Sarah Lucchini
Gestão selo Vida Kids: Vitoria Reis
Coordenadora de projeto: Daniela Teles
Editora responsável: Renata Guimarães
Revisão de provas: Eliane Viza
Assistente editorial: Jaqueline Silva
Projeto gráfico e diagramação: Claudia Fatel Lino
Ilustração: Matheus Furtado
Capa: Lira Lira

ELA É ELA

Todas as citações bíblicas e de terceiros foram adaptadas segundo o Acordo Ortográfico da Língua Portuguesa, assinado em 1990, em vigor desde janeiro de 2009.

As opiniões expressas nesta obra refletem o ponto de vista de seus autores e não são necessariamente equivalentes às da Editora Vida ou de sua equipe editorial.

Os nomes das pessoas citadas na obra foram alterados nos casos em que poderia surgir alguma situação embaraçosa.

Todos os grifos são do autor, exceto os indicados.

1. edição: out. 2025

Dados Internacionais de Catalogação na Publicação (CIP)
(Câmara Brasileira do Livro, SP, Brasil)

Ferreira, Nikolas
Ela é ela / um livro de Nikolas Ferreira e Ana Campagnolo. — São Paulo : Editora Vida, 2025.

ISBN: 978-65-5584-768-0

1. Cristianismo - Literatura infantojuvenil I. Campagnolo, Ana. II. Título.

25-277180.1 CDD-028.5

Índice para catálogo sistemático:

1. Cristianismo : Literatura infantil 028.5
2. Cristianismo : Literatura infantojuvenil 028.5

Eliete Marques da Silva - Bibliotecária - CRB-8/9380

Esta obra foi composta em *DK Hobgoblin* e impressa por Gráfica COAN sobre papel *Couche Fosco* 150 g/m² para Editora Vida.